Présent

Je te s

au Coll

Secondaire.

Meilleurs voeux

du Club Français

D. Hitchen

The Mini

OXFORD

French
Vocabulary
Builder

Harriette Lanzer
Anna Lise Gordon

Oxford University Press

Oxford University Press, Walton Street, Oxford OX2 6DP

Oxford New York
Athens Auckland Bangkok Bombay
Calcutta Cape Town Dar es Salaam Delhi
Florence Hong Kong Istanbul Karachi
Kuala Lumpur Madras Madrid Melbourne
Mexico City Nairobi Paris Singapore
Taipei Tokyo Toronto

and associated companies in
Berlin Ibadan

Oxford is a trademark of Oxford University Press

© Oxford University Press 1995
First Published in Mini format 1996

ISBN 0 19 910388 7

Acknowledgements

The illustrations are by Heinz Keller, and the map by Technical Graphics Department, OUP.

Typeset and designed by Mike Brain, Wootton, Oxford

Printed in Great Britain

INTRODUCTION

Vocabulary is the key to successful language learning – if you don't know the words, then you can't say anything!

As you make progress in French, you will need to use more and more words. Learning and remembering those words might seem like a never-ending task, but if you spend a little time learning new words on a regular basis, you will soon see great results.

This *French Vocabulary Builder* is divided into 22 units, each covering a different topic area. Each unit helps you learn the relevant vocabulary by:

♦ providing the words you need to know
♦ suggesting tips to help you learn that vocabulary (*Point pratique!*)
♦ giving you activities to practise what you've learned (*Jeu de mots*).

Some units also have a mini-cartoon strip where you can practise set phrases.

Within each unit, the vocabulary has been grouped into sub-sections. You can use the list of contents on pages 7–9 to help you find the section you want to learn.

There are lots of different ways of learning vocabulary and it is important that you discover the methods which suit you best.

Here are a few ideas for you to try out:

Point pratique!

Do you do all your written homework first and leave your vocabulary learning till last? It's probably a good idea to learn your vocabulary first while you're still fresh. Then you can quickly test yourself again when your other homework is finished. If you spend five minutes a day learning vocabulary you could learn as many as 2,000 new words in a year!

Point pratique!

When you come across new words, write them down in your vocabulary book – you could write them in alphabetical order or in colour coded lists of le and la words, or maybe it's easier if you write them in a word web like this:

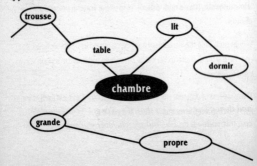

Point pratique!

You don't always have to learn vocabulary on your own! Learn it with a friend and make a game out of it. You each look at a list of words for five minutes. Then you close your books and see who can remember the most words from the list.

Point pratique!

Carry your vocabulary book around with you wherever you go. You might suddenly have five minutes spare to learn some words – i.e. when the bus is late, the film's boring, you've finished your magazine, etc!

Point pratique!

Record the English and French words from a section of this book on to a cassette. Leave a pause after each English word. You can then play the cassette and say the French word in the pause. As you learn other sections, add them to your cassette. Keep the cassette and listen to it again a few days later, and then a few days after that. If you've got a walkman, you can test yourself on vocabulary wherever you go!

Using this book

◆ The feminine form of irregular adjective endings is given like this:
blanc(he) or *affreux/affreuse*.

◆ You can find adjectives and verbs listed separately in the final two
sections.

◆ The vocabulary is listed alphabetically with all *la* words given first and
then *le* and *l'* words following. This is done to help you remember the
gender of nouns.

Don't be daunted by how many words there are to learn – concentrate on a
small section at a time, learn and practise the vocabulary and when you feel
confident with it, move on to another section . . .

Treat vocabulary learning as a priority and watch your French vocabulary
increase week by week!

CONTENTS

1

CLASSROOM LANGUAGE

Point pratique!
Take every opportunity to practise your French! One of the best
ways is to try and use French during lessons whenever possible.
So make sure you know the phrases in this section.

♦ *Look at page 49 for ways of saying hello and goodbye in class!*

asking for help

Comment dit-on «hitch-hike» en français?	How do you say 'hitch-hike' in French?
Comment dit-on «traverser» en anglais?	How do you say 'traverser' in English?
Comment ça s'écrit?	How do you write that?
Pouvez-vous épeler le mot «moitié»?	Can you spell the word 'moitié'?
Pouvez-vous m'aider, s'il vous plaît?	Can you help me, please?
Qu'est-ce que ça veut dire?	What does that mean?
Comment dit-on ce mot?	How do you say this word?

asking about the work

Comment est-ce qu'on fait cette activité?	How do you do this activity?

C'est quoi, la solution? | What's the answer?
C'est vrai ou faux? | Is that right or wrong?
J'ai quelle note? | What mark have I got?

problems

J'ai un problème. | I've got a problem.
Je n'ai pas de partenaire. | I haven't got a partner.
Pardon? | Pardon?
Je ne comprends pas. | I don't understand.
Je ne sais pas. | I don't know.
Pouvez-vous répéter, s'il vous plaît? | Can you repeat that, please?
Pouvez-vous parler plus lentement, s'il vous plaît? | Can you speak more slowly, please?
I've lost my exercise book. | J'ai perdu mon cahier.

asking for permission

Est-ce que je peux ouvrir la fenêtre? | Can I open the window?
Est-ce que je peux aller aux toilettes? | Can I go to the toilet?
Est-ce que je peux emprunter un stylo? | Can I borrow a pen?

apologizing

Pardon. | Sorry.
Je m'excuse d'être en retard. | I'm sorry, I'm late.
Je suis désolé, mais je n'ai pas fait mes devoirs. | I'm sorry, but I haven't done my homework.

Malheureusement j'ai oublié mon cahier.	Unfortunately I've forgotten my exercise book.

talking to a partner

Tu commences.	You start.
Arrête!	Stop!
C'est à qui le tour?	Whose turn is it?
C'est ton/mon tour.	It's your/my turn.
Bravo!	Well done!
Tant pis!	Too bad!
Ne triche pas.	Don't cheat.
Donne-moi...	Pass me...
Quelle page?	Which page?
Qu'est-ce qu'on fait maintenant?	What shall we do now?

giving your opinion

Es-tu d'accord avec moi?	Do you agree with me?
Qu'est-ce que tu penses de...?	What do you think about...?
Je ne suis pas d'accord.	I don't agree with that.
Je pense que c'est bien.	I think that's good.
Je pense que ce n'est pas bien.	I think that's bad.
Je pense que...	I think that...
au contraire	on the contrary

JEU DE MOTS

What do you say to your teacher? In French, of course!

a   You've forgotten your exercise book.

b   You don't know what the word 'pellicule' means.

c   You're late.

d   Your teacher is speaking too quickly.

e   You want to go to the toilet.

f   You don't know how to spell 'Monsieur'.

g   You're getting very hot in the classroom.

2

NUMBERS, DATES AND TIMES

les numéros	numbers
zéro	0
un	1
deux	2
trois	3
quatre	4
cinq	5
six	6
sept	7
huit	8
neuf	9
dix	10
onze	11
douze	12
treize	13
quatorze	14
quinze	15
seize	16
dix-sept	17
dix-huit	18
dix-neuf	19
vingt	20

vingt et un	21
vingt-deux	22
vingt-trois	23
vingt-quatre	24
trente	30
quarante	40
cinquante	50
soixante	60
soixante-dix	70
(soixante-onze	71)
quatre-vingts	80
quatre-vingt-dix	90
cent	100
mille	1000
million	1 000 000
deux cent trente	230
trois milles neuf cent soixante quatre	3 964

Point pratique!

Whenever you see a number on a road sign, a bus, a car number plate, a magazine, a shop etc., say the number to yourself in French. See how many numbers you can find to say on your way to school. If you are with a friend, see who can say the number first!

les jours de la semaine	days of the week
lundi	Monday
mardi	Tuesday
mercredi	Wednesday
jeudi	Thursday
vendredi	Friday
samedi	Saturday
dimanche	Sunday

les mois	months
janvier	January
février	February
mars	March
avril	April
mai	May
juin	June
juillet	July
août	August
septembre	September
octobre	October
novembre	November
décembre	December

les saisons	seasons
l'hiver (m)	winter

le printemps	spring
l'été (m)	summer
l'automne (m)	autumn
en hiver	in winter
au printemps	in spring
en été	in summer
en automne	in autumn

les dates | dates

le premier janvier	the 1st of January
le deux avril	the 2nd of April
le trois septembre	the 3rd of September
en 1984	in 1984

les dates importantes | important dates

le jour de congé	day off
le jour férié	bank holiday
(la veille de) Noël	Christmas (Eve)
Pâques	Easter
le mardi gras	carnival time
la Pentecôte	Whitsun
le Nouvel An	New Year
la Saint-Sylvestre	New Year's Eve

quand?	when?
aujourd'hui	today
hier	yesterday
avant-hier	the day before yesterday
demain	tomorrow
après-demain	the day after tomorrow
maintenant	now
le lendemain	the next day
la semaine dernière	last week
la semaine prochaine	next week
pendant la semaine	during the week
la veille	the evening before
le matin	morning
l'après-midi (m)	afternoon
le soir	evening
la nuit	night
quinze jours	fortnight
le weekend	weekend
le mois	month
l'an (m)/l'année(f)	year
l'année dernière	last year
l'année prochaine	next year
le siècle	century

tous les combien?	**how often?**
tous les jours	every day
tous les mercredis	every Wednesday
une fois par semaine	once a week
une fois par mois	once a month
souvent	often
toujours	always
chaque weekend	every weekend
hebdomadaire	weekly
mensuel	monthly
annuel	yearly
pas encore	not yet
pas plus	no longer
quelquefois	sometimes
rarement	rarely
jamais	never
d'habitude	usually

quelle heure est-il?	**what time is it?**
midi	midday
minuit	midnight
la minute	minute
la seconde	second
l'heure (f)	time; hour

en avance	early
en retard	late
il est huit heures	it's eight o'clock
à cinq heures et demie	at half past five

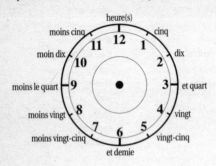

Et encore plus...

quinze heures quarante-six — 15.46

la fraction — 1 par exemple: la moitié (12), le tiers (13), le quart (14)

le pourcentage — %

4 plus/et 3 — 4 + 3

10 moins 5 — 10 - 5

30 divisé par 5 — 30 -: 5

6 fois 2 égalent 12 — 6 x 2 = 12

JEU DE MOTS

[A] What comes next? Complete the sequences.

a **deux quatre six ....**

b **mardi mercredi jeudi ....**

c **décembre novembre octobre ....**

d **quarante cinquante soixante ....**

e **hiver printemps été ....**

f **quinze vingt vingt-cinq ....**

Start some other sequences and ask a partner to say what comes next.

[B] Practise your numbers, days of the week and months by going backwards and forwards. For example: start at *vingt* and then count backwards to *zéro*. Or, start with *dimanche* and get back to *lundi*. How many other patterns can you say backwards?

3

ALL ABOUT ME

la famille	**family**
la belle-mère	stepmother
la copine	female friend
la cousine	female cousin
la femme	woman; wife
la fille	daughter; girl
la filleule	goddaughter
la grand-mère	grandmother
la jumelle	female twin
la marraine	godmother
la mère	mother
la nièce	niece
la personne	person
la petite-fille	granddaughter
la sœur	sister
la tante	aunt
le bébé	baby
le beau-père	stepfather
le copain	male friend
le cousin	male cousin
le filleul	godson

le fils	son
le frère	brother
le garçon	boy
le grand-père	grandfather
le jumeau	male twin
le mari	husband
le neveu	nephew
le parrain	godfather
le père	father
le petit-fils	grandson
l'adulte (m/f)	adult
l'ami (m)	male friend
l'amie (f)	female friend
l'enfant (m/f)	child
l'épouse (f)	wife
l'époux (m)	husband
l'homme (m)	man
l'oncle (m)	uncle
les gens (m)	people
les jeunes (m)	young people
les parents (m)	parents
les grands-parents (m)	grandparents
demi-	half-
Madame	Mrs

Monsieur	Mr
maman	mum
papa	dad
adopté	adopted, fostered
célibataire	single
divorcé	divorced
fiancé	engaged
marié	married
mort	dead
séparé	separated
veuf/veuve	widowed
cohabiter	to live together
divorcer	to get divorced
épouser	to marry
se marier	to get married

Et encore plus...

le fils unique/la fille unique — un garçon/une fille qui n'a pas de frères ni de sœurs

le beau-frère — le mari de votre sœur

la belle-sœur — la femme de votre frère

la belle-mère — la mère de votre mari/femme

le beau-père — le père de votre mari/femme

la sœur aînée — la fille la plus âgée

le frère cadet — le garçon le plus jeune

les caractéristiques characteristics

agréable	pleasant
ambitieux/ambitieuse	ambitious
amusant	funny
bête	silly
charmant	charming
content	happy
curieux/curieuse	curious
drôle	amusing
effronté	cheeky
fâché	angry
fier/fière	proud
fou/folle	mad
généreux/généreuse	generous
gentil(le)	kind
gourmand	greedy
heureux/heureuse	happy
honnête	honest
de bonne humeur	good tempered
de mauvaise humeur	bad tempered
inquiet/inquiète	anxious, worried
indépendant	independent

intelligent	intelligent
méchant	naughty
nerveux/nerveuse	nervous
optimiste	optimistic
paresseux/paresseuse	lazy
patient	patient
pessimiste	pessimistic
poli	polite
ponctuel(le)	punctual
peu ponctuel(le)	unpunctual
raisonnable	sensible
sage	good, well-behaved
sérieux/sérieuse	serious
stupide	stupid
sympa	nice, friendly
têtu	stubborn
timide	shy
travailleur/travailleuse	hard-working
triste	sad
vif/vive	lively

l'apparence (f) appearance

affreux/affreuse	awful
beau/belle	good-looking
élégant	elegant

grand	tall; big
gros(se)	fat
jeune	young
joli	pretty
laid	ugly
maigre	skinny
mince	slim
pâle	pale
petit	short; small
vieux/vieille	old
de taille moyenne	medium height
la barbe	beard
la moustache	moustache
la perruque	wig
la taille	size
le poids	weight
les cheveux (m)	hair
les lunettes (f)	glasses
les yeux (m)	eyes

les cheveux/les yeux... — hair/eyes

bouclés	curly
châtains	brown (hair)
colorés	dyed
courts	short

longs	long
marron	brown (eyes)
noirs	black
raides	straight
roux	ginger

la fête	**party, festival**
le baptême	baptism
le cadeau	present
le mariage	wedding
le sabot de Nöel (m)	Christmas stocking
l'anniversaire (m)	birthday
l'arbre de Nöel (m)	Christmas tree
l'œuf de Pâques (m)	Easter egg
célébrer, fêter	to celebrate
souhaiter une bonne fête à X	to wish X many happy returns

Point pratique!

If you come across a French word that you can't understand, you can look it up in a dictionary or in the alphabetical word list at the back of your course book. If you want to find out the French word for something, use a dictionary – you're not expected to know what everything is in French! As a general rule, the bigger the dictionary, the more helpful it will be.

JEU DE MOTS

[A] How well do you know the alphabet? Put these words in alphabetical order.

grand-père

fils

timide

cousin

demi-frère

veuf

intelligent

bébé

tante

neveu

mariage

What do the words mean in English?

Give your partner a list of 10 words to put in alphabetical order. They give you a list, too. Who can sort out their list the quickest?

[B] Do you understand all the words on this form? Use a dictionary to help you fill it in.

CARTE D'IDENTITE

le nom de famille ....

le prénom ....

le sexe: masculin/féminin

l'adresse (le code postal) ....

....

....

le domicile ....

le numéro de téléphone ....

la date de naissance ....

l'âge ....

le lieu de naissance ....

la nationalité ....

la religion ....

la signature ....

4

ANIMALS

l'animal domestique (m)   **pet**

1 le poisson

2 le hamster

3 le chien

4 la perruche

5 le chat

6 la souris

7 la tortue

8 le lapin

9 le cochon d'Inde

Point pratique!

Make up rhymes and sentences to help you remember words:
les poules *don't play* boules *and* les moutons *don't wear*
boutons!

l'animal (m)	**animal**
la chèvre	goat
la fourmi	ant
la girafe	giraffe
la grenouille	frog
la mouche	fly
la poule	chicken
la vache	cow
le canard	duck
le cheval	horse
le cochon	pig
le crocodile	crocodile
le mouton	sheep
le rat	rat
le renard	fox
le serpent	snake
le singe	monkey
le taureau	bull

l'abeille (f)	bee
l'âne (m)	donkey
l'araignée (f)	spider
l'éléphant (m)	elephant
l'escargot (m)	snail
l'insecte (m)	insect
l'oie (f)	goose
l'oiseau (m)	bird

Et encore plus...

la niche — une maison pour un chien

la cage — une maison pour des oiseaux

aboyer — le bruit d'un chien

le jardin zoologique — un parc avec beaucoup d'animaux sauvages et
  domestiques

JEU DE MOTS

Find an animal word to complete the rhymes. Then link the rhymes to the correct picture.

a   **Qu'est-ce que tu as dans la bouche?**
      Oh, là, là! C'est une ......

b   **Je suis en bateau sur le Nil**
      Pour regarder les ....

c   **Le matin je mange un croissant,**
      Mais le soir je préfère le ....

d   **Comment t'appelles-tu?**
      Et comment t'appelle ta ......?

e   **Il est rouge, ton manteau?**
      Attention! Il y a un ....

Write some more animal rhymes like the ones above. Can your partner find the missing animal in your rhymes?

5
HOBBIES

le sport	**sport**
la gymnastique	gymnastics
la natation	swimming
la pêche	fishing
la planche à voile	wind surfing
la voile	sailing
le badminton	badminton
le basketball	basketball
le cricket	cricket
le cyclisme	cycling
le football	football
le hockey	hockey
le patinage	ice skating
le rugby	rugby
le ski	skiing
le tennis	tennis
le tennis de table	tabletennis
l'athlétisme (m)	athletics
l'aviron (m)	rowing
l'entraînement (m)	training
l'équitation (f)	horse riding

jouer	to play
gagner	to win
perdre	to lose

les instruments de musique   musical instruments

1 la flûte à bec
2 le violon
3 la guitare
4 la clarinette
5 l'hautbois (m)
6 la trompette
7 la flûte
8 la violoncelle
9 le piano
10 le saxophone
11 la tambour
12 l'orchestre (m)

Et encore plus...

la distraction — quelque chose à faire – par exemple, à Londres il y a beaucoup de distractions

le championnat (du monde) — une compétition (pour tous les pays du monde)

le/la gagnant/e — quelqu'un qui gagne un match

le/la participant/e — quelqu'un qui joue

le/la perdant/e — quelqu'un qui perd un match

le spectateur — quelqu'un qui regarde un match, une pièce de théâtre etc.

le terrain de sport — où on joue

la raquette — ce qu'on utilise pour jouer au tennis, squash etc.

la finale — le dernier jeu ou la dernière chose

l'arbitre (m) — quelqu'un qui dirige un match

l'équipe (f) — un groupe de joueurs (une équipe de football a onze membres)

les sports d'hiver — les sports qu'on fait en hiver, par exemple: le ski, la luge

soutenir: je soutiens Tottenham Hotspur — Tottenham Hotspur est mon équipe de football préférée

Point pratique!

It's really important to learn whether words are le, la *or* l'.
Learning all the la *words together and so on will help you to
remember.*

*Why is it important? Well, for example, with hobbies you need
to know to be able to use the words correctly:*
le football = j'aime jouer au football.
la flûte = je joue de la flûte *but* le violon = je joue du violon.

je vais/j'aime aller...	I go/I like going...
en boum	to the party
à la/en discothèque	to the disco
à la patinoire	to the ice rink
à la surprise-partie	to the surprise party
au centre commercial	to the shopping centre
au cinéma	to the cinema
au club de jeunes	to the youth club
au concert	to the concert
au musée	to the museum
au stade	to the stadium
au théâtre	to the theatre

les passe-temps	**hobbies**
bricoler	to do DIY
chanter	to sing
collectionner des timbres	to collect stamps
danser	to dance
écouter de la musique pop/classique	to listen to pop/classical music
faire une excursion	to go on a trip
faire une promenade	to go for a walk
faire une promenade à vélo	to go for a bike ride
faire les jeux-vidéos	to play computer games
faire des photos	to take photos
faire du lèche-vitrines	to go window shopping
faire du patin à roulettes	to go rollerskating
jouer aux cartes	to play cards
jouer aux échecs	to play chess
lire	to read
nager, se baigner	to swim
paresser	to laze around
peindre	to paint
regarder la télévision	to watch television
rendre visite à un/e ami/e	to visit a friend
sortir (avec des amis)	to go out (with friends)
tricoter	to knit

organiser un rendez-vous   making a date

Can you make up a similar dialogue with a partner?

♦ Look at page 19 for times and page 79 for possible meeting places!

JEU DE MOTS

[A] Do this quiz.

1 **Tu aimes le sport actif en équipe. Que fais-tu?**
   a   je fais de la planche à voile
   b   je joue au football
   c   je pêche

2 **Tu es créatif/créative. Qu'est-ce que tu préfères faire?**
   a   regarder la télévision
   b   bricoler
   c   faire du lèche-vitrines

3 **Tu adores les chevaux. Quel est ton sport préféré?**
   a   l'aviron
   b   la voile
   c   l'équitation

4 **Tu détestes la musique. Où vas-tu?**
   a   à un concert
   b   à la disco
   c   au musée

Can you work out further quiz questions for a partner?

[B] Play this memory game in a group with hobbies you know.

A: J'aime jouer au football.

B: J'aime jouer au football et au hockey.

C: J'aime jouer au football, au hockey et j'aime faire du ski...

A: J'aime jouer au football.

B: J'aime jouer au football et (j'aime) chanter.

C: J'aime jouer au football, (j'aime) chanter et (j'aime) aller au cinéma...

6

AT HOME

la pièce	room
la cave	cellar
la chambre	bedroom
la chambre d'amis	guest room
la chambre d'enfant	children's room
la cuisine	kitchen
la douche	shower
la salle à manger	dining room
la salle de bain	bathroom
la salle de séjour	living room
la terrasse	terrace
le balcon	balcony
le bureau	workroom, study
le couloir	corridor
le garage	garage
le grenier	attic
le palier	landing
le salon	living room
le vestibule, l'entrée (f)	hall
les toilettes, les WC	toilet

la maison	**house**
la ferme	farmhouse
la maison jumelée	semi-detached house
la maison (individuelle)	detached house
le bungalow	bungalow
le HLM	council flat
le pavillon	detached house
l'appartement (m)	flat
l'immeuble (m)	block of flats
la cheminée	chimney
la fenêtre	window
la porte	door
le mur	wall
le plafond	ceiling
le plancher	floor
le toit	roof
le volet	shutter
l'escalier (m)	stairs
au rez-de-chaussée	on the ground floor
au premier étage	on the first floor
le meuble	**furniture**
la baignoire	bath
la bibliothèque	bookcase

la chaise	chair
la commode	chest of drawers
la couette	duvet
la couverture	blanket
la cuisinière	cooker
la lampe	lamp
la lumière	light
la machine à laver	washing machine
la peinture	painting
la poubelle	wastepaper basket
la table	table
la table de nuit	bedside table
le buffet	sideboard
le bureau	desk
le canapé	sofa
le coussin	cushion
le drap	sheet
le fauteuil	armchair
le four à micro-ondes	microwave
le frigo	fridge
le lavabo	washbasin
le lave-vaisselle	dishwasher
le lit	bed
le miroir	mirror
le placard	cupboard

le rayon	shelf
le rideau	curtain
le robinet	tap
le tapis	carpet
l'armoire (f)	wardrobe
l'étagère (f)	shelf
l'évier (m)	sink
l'oreiller (m)	pillow

Et encore plus...

le loyer — ce qu'on paie pour louer une maison

la/le concierge — la personne qui surveille un immeuble

le/la voisin/e — quelqu'un qui habite à côté de chez vous

aménager — mettre les meubles etc., dans une maison

déménager — quand on change le logement

le chauffage central — le chauffage dans toutes les pièces

la faïence — les assiettes, les bols, les tasses, etc.

les couverts — les fourchettes, les couteaux, les cuillers

Point pratique!

Write the French words from this section on pieces of card or post-it notes and stick them to the matching objects around your home. Now, wherever you go at home, you can learn and remind yourself of the French words for the objects and rooms!

la cuisine   kitchen

1 l'ouvre-boîte (m)	8 la poêle
2 le tire-bouchon	9 le bol
3 la cuiller	10 la tasse
4 le plateau	11 la soucoupe
5 la casserole	12 le fer à repasser
6 la fourchette	13 le verre
7 l'ampoule électrique (f)	14 le couteau

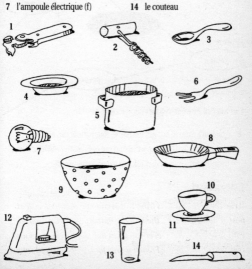

JEU DE MOTS

[A] Continue this word web. How many words can you think of?

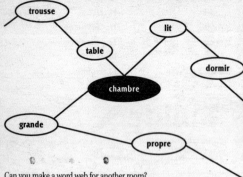

Can you make a word web for another room?

[B] Think of a word to do with the home. Your partner can ask you
   questions to find out your word. You can only answer *oui/non*. How
   many questions must they ask you to guess your word?

C'est une pièce?

C'est quelque chose dans ta chambre?

Est-ce que le mot commence par «S»?

C'est un objet plus grand que toi?

On peut le trouver dans la cuisine?

...?

7

STAYING WITH A FAMILY

la salutation	**greeting**
bonjour	hello, good morning
allô	hello (on phone)
salut	hello
bonsoir	good night
au revoir	goodbye
bienvenue	welcome
comment ça va?	how are you?
bon weekend!	have a good weekend!
amusez-vous bien!	have fun!

la routine	**routine**
se réveiller	to wake up
se lever	to get up
se laver	to wash
prendre un bain	to have a bath
prendre une douche	to shower
se raser	to shave
se brosser les dents	to brush your teeth
se brosser les cheveux	to brush your hair
s'habiller	to get dressed

se changer	to get changed
quitter la maison	to leave the house
sortir	to go out
se déshabiller	to get undressed
se coucher	to go to bed
se reposer	to rest
s'endormir	to go to sleep

Point pratique!

When you learn new words, test yourself on them again a few days later. Write down the words you have forgotten and learn them again. Keep doing this and see how soon you can remember all the words.

le ménage	**housework**
aider	to help
arroser	to water
balayer	to sweep
cuire	to bake, cook
cultiver	to cultivate, grow
débarrasser la table	to clear the table
donner un coup de main	to lend a hand
éplucher	to peel
épousseter	to dust
essuyer	to wipe, dry up

faire la cuisine	to cook
faire la lessive	to do the washing
faire la vaisselle	to wash up
faire le lit	to make your bed
faire le ménage	to do the housework
faire le repassage	to iron
faire les courses	to go shopping
laver	to wash
mettre la table	to lay the table
nettoyer	to clean
passer l'aspirateur	to vacuum
polir	to polish
préparer	to prepare
ranger	to tidy up, put away
réparer	to repair
tondre	to mow

à table!
at the table

Bon appétit!	Enjoy your meal!
À votre santé!	Cheers!
Pardon.	Excuse me.
Je suis désolé, mais...	I'm sorry, but...
Encore des carottes?	More carrots?
Est-ce que je peux avoir...?	May I have...?
Pourriez-vous me passer...?	Could you pass me...?

C'était bien?	Did you like that?
Je n'aime pas ça.	I don't like that.
C'était délicieux.	It was delicious.

le dîner	dinner
le goûter	tea
le petit-déjeuner	breakfast
le pique-nique	picnic
le repas	meal
le souper	supper

◆ *Look at unit 9 for things to eat and drink at table!*

Et encore plus...

le/la correspondant/e — une personne avec qui on échange des lettres

avoir le mal du pays — on est triste, parce qu'on n'est pas chez soi

le rasoir — ce qu'on utilise pour se raser

la serviette — ce qu'on utilise pour se sécher

la brosse et le peigne — ce qu'on utilise pour brosser les cheveux

le séchoir — ce qu'on utilise pour sécher les cheveux

la brosse à dents et le dentifrice — ce qu'on utilise pour brosser les dents

l'échange (f)   exchange visit

JEU DE MOTS

What is Toutou's daily routine?

a   Il se rase.

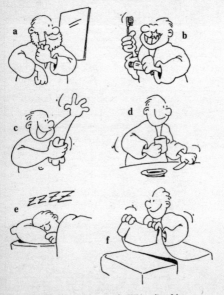

How many things do you do every day? Write a list of them.

Je me réveille, je me lave, ...

8

AT SCHOOL

l'emploi du temps (m)	**timetable**
la biologie	biology
la chimie	chemistry
la cuisine	cookery
la géographie	geography
la gymnastique	gym
la musique	music
la physique	physics
la récréation	break
la religion	religion
la sociologie	social studies
la technologie	technology
le dessin	art
le dessin technologique	technical drawing
le français	French
le latin	Latin
le sport	sport
l'allemand (m)	German
l'anglais (m)	English
l'éducation physique (f)	PE

l'espagnol (m)	Spanish
l'heure du déjeuner (f)	lunch hour
l'histoire (f)	history
l'informatique (f)	computer studies
l'italien (m)	Italian
les études de commerce (f)	business studies
les maths (f)	maths
les sciences (f)	science
les travaux manuels (m)	handicrafts

l'école	**school**
le collège (CES)	secondary school
le lycée	sixth-form college
l'école maternelle (f)	nursery school
l'école primaire (f)	primary school
l'enseignement (m)	education
l'internat (m)	boarding school
l'université (f)	university

apprendre	to learn
échouer	to fail (an exam)
étudier	to study
passer un examen	to take an exam
réussir	to pass (an exam)
réviser	to revise

la salle	**room**
la bibliothèque	library
la cantine	canteen
la cour	playground
la grande salle	hall
la salle de classe	classroom
la salle de dessin	art room
la salle de musique	music room
la salle d'informatique	computer room
la salle des professeurs	staffroom
le bureau	office
le couloir	corridor
le gymnase	sports hall
le laboratoire	laboratory
le réfectoire	dining hall
le vestiaire	changing room

les gens (m)	**people**
la classe	class
la directrice	headmistress
le directeur	headmaster
le professeur	teacher
l'assistant/e	male/female assistant

l'élève (m/f)	pupil
l'étudiant/e	male/female student

Et encore plus...

la langue étrangère — la langue d'un autre pays

la matière — anglais, maths ou musique, par exemple

la note — le résultat donné par le professeur pour ton travail (par exemple, B+ ou 8/10)

la rentrée — le début de l'année scolaire

le bac — un examen à la fin du lycée

le bulletin scolaire — une déscription de ton travail pendant le trimestre ou l'année scolaire

les devoirs — le travail scolaire qu'on doit faire chez soi

redoubler — recommencer une année scolaire

faire l'école buissonnière — être absent(e) du collège sans permission

Point pratique!
Learn the school subjects really well and you'll find it easy to describe rooms and teachers: **la salle de maths, le professeur de sciences.**

le cartable   school bag

1

1 le crayon
2 le calculatrice
3 le feutre
4 le stylo (le bic)
5 la gomme
6 le livre
7 la disquette
8 la trousse
9 le cahier
10 la règle
11 le carnet

JEU DE MOTS

Can you find fourteen school words in this wordsearch? Write them out. (Try and write them with *le/la/l'* too.)

```
G  É  O  G  R  A  P  H  I  E  Y  H  N  V
Y  K  H  R  G  G  R  R  E  W  S  X  V  G
M  A  T  H  S  C  O  E  C  A  H  I  E  R
N  I  Y  K  S  W  F  E  U  T  R  E  O  F
A  B  A  C  A  A  E  K  O  L  K  É  O  P
S  Z  C  C  U  I  S  I  N  E  U  C  L  C
E  S  H  O  T  N  S  J  A  J  N  O  L  L
Z  T  I  U  S  T  E  Q  T  T  S  L  Y  A
I  I  M  R  C  M  U  S  I  Q  U  E  C  S
M  F  I  R  H  U  R  V  E  B  C  X  É  S
M  R  E  L  I  G  I  O  N  T  Y  W  E  E
```

What do the words mean in English?

Make up a school wordsearch for your partner to solve.

9

FOOD AND DRINK

le fruit	**fruit**
la banane	banana
la cerise	cherry
la fraise	strawberry
la framboise	raspberry
la groseille	redcurrant
la mûre	blackberry
la pêche	peach
la poire	pear
la pomme	apple
la prune	plum
la tomate	tomato
le citron	lemon
le melon	melon
le pamplemousse	grapefruit
le raisin	grape
l'abricot (m)	apricot
l'ananas (m)	pineapple
l'orange (f)	orange

le légume	**vegetable**
la carotte	carrot
la courgette	courgette
la pomme de terre	potato
la salade, la laitue	lettuce
le champignon	mushroom
le chou	cabbage
le chou de Bruxelles	sprout
le chou-fleur	cauliflower
le concombre	cucumber
le haricot vert	green bean
le maïs	sweetcorn
le poivre	pepper
le radis	radish
l'ail (m)	garlic
l'asperge (f)	asparagus
l'aubergine (f)	aubergine
l'oignon (m)	onion
l'olive (f)	olive
les crudités (f)	raw vegetables
les petits pois (m)	peas

la boisson	**drink**
la bière	beer
la limonade	lemonade
le café	coffee
le café-crème/le café au lait	white coffee
le chocolat chaud	hot chocolate
le cidre	cider
le citron pressé	lemon juice drink
le coca	cola
le jus de fruit	fruit juice
le lait	milk
le thé	tea
le vin blanc/rouge	white/red wine
l'alcool (m)	alcohol
l'apéritif (m)	aperitif
l'eau (minérale) (f)	(mineral) water
l'Orangina (m)	fizzy orange drink

Point pratique!
You don't always have to write words down in
lists. Why not write them in shapes? It might
help you to remember them!

le petit-déjeuner	**breakfast**
la baguette	French bread stick
la biscotte	French toast
la confiture	jam
la margarine	margarine
la tartine	buttered bread
le beurre	butter
le biscuit	biscuit
le croissant	croissant
le gâteau	cake
le miel	honey
le pain	bread
le pain scandinave	crispbread
le pain grillé	toast
le petit pain	roll
le sucre	sugar
le yaourt	yoghurt

l'œuf (m)	egg
l'œuf à la coque (m)	boiled egg
l'œuf sur le plat (m)	fried egg
les œufs brouillés (m)	scrambled eggs
les céréales (f)	cereal

le plat principal — main course

la côte	chop
la moutarde	mustard
la quiche	quiche
la saucisse	sausage
la truite	trout
la viande	meat

le bifteck	steak
le bœuf	beef
le croque-monsieur	toasted cheese and ham sandwich
le fromage	cheese
le hamburger	hamburger
le jambon	ham
le lapin	rabbit
le mouton	mutton
le pâté	pâté
le poisson	fish
le porc	pork

le potage	soup
le poulet	chicken
le ragoût	stew
le riz	rice
le rôti	roast
le sandwich	sandwich
le saucisson	dry sausage
le saumon	salmon
le sel	salt
le thon	tuna
le veau	veal
le vinaigre	vinegar
l'agneau (m)	lamb
l'assiette anglaise (f)	cold meats
l'huître (f)	oyster
l'omelette (f)	omelette
les chips (m)	crisps
les frites (f)	chips
les fruits de mer (m)	seafood
les herbes (f)	herbs
les nouilles (f)	noodles

le dessert	**dessert**
la crêpe	pancake
la glace	ice cream
la mousse au chocolat	chocolate mousse
la noix	nut
la pâtisserie	pastry, cake
la tarte	flan, tart
le bonbon	sweet
le chocolat	chocolate
le flan	custard tart

au restaurant	**at the restaurant**
la cuisine chinoise/indienne	Chinese/Indian food
le menu	menu
le menu à prix fixe	set meal
le plat	dish; meal
le pourboire	tip
le service	service
le tiquet (de caisse), le reçu	receipt
l'addition (f)	bill
l'entrée (f)	starter

commander	to order
servir	to serve
réserver	to reserve
aigre	sour
délicieux/délicieuse	delicious
piquant, epicé	spicy
salé	salty
savoreux/savoreuse	tasty
sucré	sweet

Et encore plus...

j'ai soif/faim — je voudrais quelque chose à boire/manger

je suis allergique à... — je ne peux pas manger...

décaféiné — sans caféine

le/la végétarien/ne — on ne mange pas de viande

au café   at the café

Can you make up a similar café scene with a partner?

JEU DE MOTS

[A] Fill in the missing letters for each word. Which fruit can you then make
out of the letters?

```
—BRICOT
OIG—ON
BAN—NE
ORA—GE
FR—ISE
CERI—E
```

Make up a similar puzzle for your partner to solve.

[B] With a small group, choose a category from this section, i.e. meat,
vegetables, fruit, etc. Go round the group taking it in turns to name an
item from the chosen category. Who can keep going the longest?

A: LES FRUITS   C: l'ananas

B: la cerise   D: le citron...

10
SHOPPING

le magasin	**shop**
la boucherie	butcher
la boulangerie	baker
la boutique	boutique
la charcuterie	delicatessen
la confiserie	confectioner
la crémerie	dairy
la laverie automatique	launderette
la librairie	bookshop
la parfumerie	perfume shop
la pâtisserie	cake shop
la pharmacie	chemist
la poissonnerie	fishmonger
la poste	post office
la vente par correspondance	mail order business
le bijoutier	jeweller
le bureau de tabac	newsagent
le coiffeur	hairdresser
le fleuriste	florist
le kiosque	newspaper stand
le grand magasin	department store
le marchand de fruits et légumes	greengrocer

le marché	market
le supermarché	supermarket
l'alimentation générale (f)	grocer
l'épicerie (f)	grocer
l'hypermarché (m)	hypermarket

le shopping	**shopping**
la pointure	size (shoes)
la taille	size (clothes)
le chariot	trolley
le choix	choice, selection
le panier	basket
bon marché	cheap
cher/chère	expensive
libre service	self service
acheter	to buy
changer	to change
coûter	to cost
dépenser	to spend
échanger	to exchange
payer	to pay
rembourser	to reimburse
vendre	to sell

Et encore plus...

la caisse — on y va pour payer

la promotion — une offre spéciale

la solde — quand il y a des réductions

la vitrine — la fenêtre d'un magasin

le centre commercial — un endroit avec beaucoup de magasins

le/la client/e — les personnes qui achètent des choses

le vendeur/la vendeuse — les personnes qui travaillent dans un magasin

les heures d'ouverture — quand le magasin est ouvert

la quantité	**quantity**
la boîte	box, tin
la bouteille	bottle
la douzaine	dozen
la livre	pound
la moitié	half
la paire	pair
la portion	portion
la tranche	slice
le gramme	gramme
le kilo	kilo
le litre	litre
le mètre	metre
le morceau	piece

le paquet	packet
le pot	jar
le sac	bag
le tube	tube
le verre	glass
demi-	half
beaucoup	a lot
quelques	some
un peu	a bit

♦ *Look at unit 9 for food and drink words!*

le matériel	**material**
fabriqué en...	made of...
la laine	wool
la soie	silk
le caoutchouc	rubber
le coton	cotton
le cuir	leather
le plastique	plastic
le tissu synthétique	man-made fibre
l'acier (m)	steel
l'argent (m)	silver
l'or (m)	gold

les vêtements (m)	**clothes**
la bague	ring
la boucle d'oreille	earring
la ceinture	belt
la chemise	shirt
la cravate	tie
la jupe	skirt
la robe	dress
la robe de chambre	dressing gown
la veste, le blouson	jacket
le bonnet	woolly hat
le chapeau	hat
le chemisier	blouse
le collant	tights
le collier	necklace
le costume	suit
le gant	glove
le jean	jeans
le maillot de bain	swimming costume
le manteau	coat
le mouchoir	handkerchief
le pantalon	pair of trousers
le pullover, le tricot	pullover
le pyjama	pyjamas

le short	shorts
le slip	underpants
le sous-vêtement	underwear
le soutien-gorge	bra
le survêtement	tracksuit
le tee-shirt	T-shirt
l'anorak (m)	anorak
l'écharpe (f)	scarf
l'imperméable (m)	raincoat
les bottes (f)	boots
les chaussettes (f)	socks
les chaussures (f)	shoes
les chaussures de sport (f)	trainers
les sandales (f)	sandals
les pantoufles (f)	slippers

Point pratique!

If you want to practise the spelling of new words, make up some anagrams to test yourself first – EMUTNAA = manteau. You can test a partner on your anagrams as well.

au magasin   at the shop

Can you make up a similar shopping scene with a partner?

JEU DE MOTS

[A] Can you work out these anagrams? What do they mean in English?
(Clue: They are all quantities.)

a   APUEQT

b   TOP

c   HREACTN

d   EUIOELTBL

e   VLREI

f   EIRPA

Can you make up some more anagrams for a partner to solve?

[B] What can you buy in these shops: *boucherie, bijouterie, tabac,
supermarché, boulangerie?* Make a list of words in French and
compare your list with a partner.

11
IN TOWN

les bâtiments (m)	buildings
la banque	bank
la bibliothèque	library
la cathédrale	cathedral
la discothèque	disco
la gare	station
la gare routière	bus station
la gendarmerie	police station
la mairie	town hall
la patinoire	ice rink
la piscine	swimming pool
la station-service	petrol station
le cimetière	cemetery
le cinéma	cinema
le collège	school
le garage	garage
la magasin	shop
le café	café
le camping	campsite
le centre commercial	shopping centre
le château	castle

le commissariat	police station
le marché	market
le musée	museum
le parc	park
le parking	car park
le port	port
le restaurant	restaurant
le stade	stadium
le syndicat d'initiative	tourist office
le théâtre	theatre
l'aéroport (m)	airport
l'agence de voyages (m)	travel agency
l'auberge de jeunesse (f)	youth hostel
l'école (f)	school
l'église (f)	church
l'hôpital (m)	hospital
l'hôtel (m)	hotel
l'hôtel de ville (m)	town hall
l'office de tourisme (m)	tourist office

◆ *Look at page 71 for more shops!*

Point pratique!

How can I possibly remember whether a word is le, la *or* l'*? Why not put a list of* la *words in the kitchen,* le *words in the bathroom and* l' *words in your bedroom? That way you'll be able to look at them whenever you pass by and you can picture which group a particular word belongs to!*

les directions (f)   directions

1 allez tout droit
2 prenez la première rue à droite
3 la deuxième rue à gauche
4 passez le pont
5 tournez au coin
6 continuez jusqu'aux feux

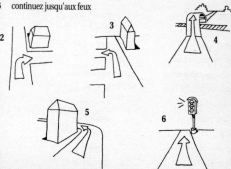

en face de	opposite
à côté de	next to
dans	in
sur	on
devant	in front of
derrière	behind
entre	between

dans la rue

	on the street
la déviation	diversion
la route	road
la rue à sens unique	one way street
la statue	statue
le carrefour	crossroads
le coin	corner
le monument	monument
le passage souterrain	underpass
le passage pour piétons	zebra crossing
le passage protégé	level crossing
le/la passant/e	passer-by
le/la piéton/ne	pedestrian
le pont	bridge
le poteau indicateur	signpost
le rond-point	roundabout

le trottoir	pavement
le virage	bend
l'arrêt d'autobus (m)	bus stop
les feux (m)	traffic lights
les travaux (m)	roadworks
toutes directions	through traffic

Et encore plus...

l'habitant/e — quelqu'un qui habite un endroit

la banlieue — la région autour de centre-ville

les curiosités (f) — les monuments intéressants à voir

la capitale — Paris est la capitale de la France

l'espace vert (m) — un parc, par exemple

à la banque	**at the bank**
la caisse d'épargne	savings bank
la carte bancaire	cheque card
la carte de crédit	credit card
la livre sterling	pound
la monnaie	change
la pièce	coin
le billet de banque	bank note

le billet de 50F	50 franc note
le bureau de change	bureau de change
le carnet de chèques	cheque book
le centime	centime
le chèque	cheque
le compte	bank account
le franc	franc
le point argent	cash point
le taux de change	exchange rate
l'argent (m)	money
l'argent de poche (m)	pocket money
faire des économies	to save
payer en liquide	to pay by cash

JEU DE MOTS

Look at this picture for 30 seconds. Close your book and name as many items as possible. Then open your book to check your answers. Try and improve your score next week.

12
TRAVEL

le transport	**transport**
la bicyclette	bicycle
la moto	motorbike
la voiture	car
le bateau	boat
le camion	lorry
le car	coach
le ferry	ferry
le métro	underground
le poids lourd	heavy goods vehicle
le scooter	scooter
le taxi	taxi
le train	train
le tramway	tram
le vélo	bicycle
le vélomoteur	moped
l'autobus (m)	bus
l'avion (m)	aeroplane
l'hélicoptère (m)	helicopter
l'hovercraft (m)	hovercraft

à pied	on foot
faire de l'autostop	to hitch-hike

à la gare	**at the station**
la classe	class
la consigne	left-luggage office
la consigne automatique	left-luggage locker
la contrôleuse	controller (female)
la correspondance	connection
la couchette	sleeping berth
la réduction	reduction
la salle d'attente	waiting room
le billet, le ticket	ticket
le bureau des objets trouvés	lost property office
le carnet	book of tickets
le chemin de fer	railway
le compartiment	compartment
le contrôleur	controller (male)
le départ	departure
le porteur	porter
le quai	platform
le rendez-vous	meeting place
le supplément	supplement
le wagon-restaurant	dining car

l'aller simple (m)	single ticket
l'aller-retour (m)	return ticket
l'arrivée (f)	arrival
l'horaire (m)	timetable
l'horloge (f)	clock
valable	valid
direct	direct
libre	free
occupé	occupied
composter	to stamp (ticket)
manquer	to miss
à l'heure	on time
en avance	early
en retard	late
en provenance de	coming from

Point pratique!

Don't worry if you don't understand every word in a text straight away! Look at each word closely and try to work it out: for example, you read permis de conduire *and you don't know what it is. But you can guess that* permis *means 'permit' and you know that* conduire *means 'to drive'. Therefore you can work out that* permis de conduire *is a 'permit to drive', i.e. a driving licence!*

au guichet   at the ticket office

Can you make up a similar dialogue with a partner?

à l'aéroport — at the airport

à l'aéroport	at the airport
la carte d'embarquement	boarding card
la douane	customs
la frontière	border
le chariot	trolley
le décalage horaire	jetlag
le droit	duty
le pilote	pilot
le steward	steward
le vol	flight
l'hôtesse de l'air (f)	air hostess
l'équipe (f)	crew
atterrir	to land
décoller	to take off
embarquer	to board

Et encore plus...

le rapide et l'express — deux trains rapides

la SNCF — le chemin de fer en France (comme British Rail)

l'amende (f) — si on roule trop vite, il faut payer une amende

le code de la route — les règles de la conduite

le kilomètre/le mille — 80km = 50 milles

la vitesse — par exemple, 100 kilomètres par heure

en voiture   by car

1 la ceinture de sécurité
2 la portière
3 le coffre
4 le siège
5 le phare
6 le pneu

7 le rétroviseur
8 le pare-chocs
9 le volant
10 la plaque d'immatriculation
11 le pare-brise

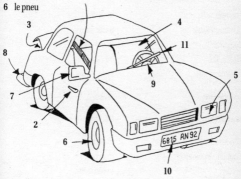

la crevaison	puncture
la lavage	car wash
la marque	make
la priorité	priority
la route nationale	A-road
la sortie	exit
la station-service	petrol station

le gas-oil	diesel
le moteur	engine
le péage	motorway tollgate
le permis de conduire	driving licence
le stationnement	parking
le super	4-star petrol
l'autoroute (f)	motorway
l'embouteillage (m)	traffic jam
l'essence (f)	petrol
l'huile (f)	oil
l'ordinaire (m)	2-star petrol
les freins (m)	brakes
sans plomb	lead-free
conduire	to drive
doubler, dépasser	to overtake
écraser	to run over
faire le plein	to fill up with petrol
ralentir	to slow down
renverser	to knock over
rouler	to travel, drive
tomber en panne	to break down
tourner	to turn
traverser	to cross
voyager	to travel

JEU DE MOTS

[A] Can you label the forms of transport?

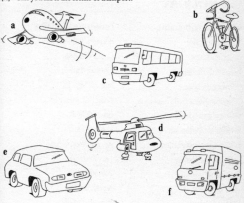

[B] The verbs below are similar to other words from this unit. Can you work out their English meaning?

attendre = to wait

a crever
b dépanner
c freiner
d permettre

e porter
f retourner
g stationner
h voler

13

ON HOLIDAY

le pays/la nationalité	country/nationality
la Belgique/belge	Belgium/Belgian
la Chine/chinois	China/Chinese
la Finlande/finlandais	Finland/Finnish
la France/français	France/French
la Grande-Bretagne/britannique	Great Britain/British
la Grèce/grec (greque)	Greece/Greek
la Hollande/hollandais	Holland/Dutch
la Norvège/norvégien(ne)	Norway/Norwegian
la Nouvelle-Zélande	New Zealand
la Pologne/polonais	Poland/Polish
la Russie/russe	Russia/Russian
la Suède/suédois	Sweden/Swedish
la Suisse/suisse	Switzerland/Swiss
la Turquie/turc (turque)	Turkey/Turkish
le Canada/canadien(ne)	Canada/Canadian
le Danemark/danois	Denmark/Danish
le Japon/japonais	Japan/Japanese
le Pays de Galles/gallois	Wales/Welsh
le Portugal/portugais	Portugal/Portuguese
le Royaume-Uni	United Kingdom

l'Allemagne (f)/allemand	Germany/German
l'Angleterre (f)/anglais	England/English
l'Australie (f)/australien(ne)	Australia/Australian
l'Autriche (f)/autrichien(ne)	Austria/Austrian
l'Écosse/écossais	Scotland/Scottish
l'Espagne (f)/espagnol	Spain/Spanish
l'Inde/indien(ne)	India/Indian
l'Irlande (du Nord) (f)/irlandais	(Northern) Ireland/Irish
l'Italie (f)/italien(ne)	Italy/Italian
les États-Unis (m)	USA
les Caraïbes/caraïbe	Caribbean
l'Afrique/africain	Africa/African
l'Amérique/américain	America/American
l'Asie/asiatique	Asia/Asian
l'Europe (f)/européen(ne)	Europe/European

les bagages (m)

luggage

la carte	map
la carte d'identité	identity card
la crème solaire	suntan cream
la pellicule	film for camera
la pièce d'identité	proof of identity
la valise	suitcase

le carnet d'adresse	address book
le chèque de voyage	traveller's cheque
le guide	guide book
le journal	diary
le parapluie	umbrella
le passeport	passport
le plan	plan, map
le portefeuille	wallet
le porte-monnaie	purse
le sac à dos	rucksack
le sac à main	handbag
le visa	visa
l'appareil (m)	camera
les lunettes de soleil (f)	sunglasses
les vêtements (m)	clothes

Point pratique!

*Have you ever tried to rap vocabulary? It can be a useful way of
remembering lists of words such as countries and nationalities.
Get a good rhythm going as you recite the words and you'll find
it easier to remember them later on.*

au bureau des objets trouvés   at the lost property office

Can you make up a similar dialogue with a partner?

FRANCE

la Manche

nord
ouest — est
sud

l' Atlantique

13 Lille
17 Amiens
Rouen
15 Caen
21 Paris
Rennes
5
16 Orléans
6
Nantes
18 Poitiers
Limoges
10
Bordeaux
2
12 Toulouse
9

7 Chalons
s-Marne
Metz
11
Strasbourg
1
8 Besançon
4 Dijon
3 Clermont
Ferrand
Lyon
20
Montpellier
19
Marseille
Côte d'Azur

la mer
Méditerrané

Bastia

Ajaccio

0   50   100   150   200km
0   25   50   75   100 milles

— Limites régionales
···· Limites départementales
• Ville principale

Régions

① Alsace	⑧ Franche-Comté	⑮ Haute Normandie
② Aquitaine	⑨ Languedoc-Roussillon	⑯ Pays de Loire
③ Auvergne	⑩ Limousin	⑰ Picardie
④ Bourgogne	⑪ Lorraine	⑱ Poitou-Charente
⑤ Bretagne	⑫ Midi-Pyrénées	⑲ Provence-Cote d'Azur
⑥ Centre	⑬ Nord	⑳ Rhône-Alpes
⑦ Champagne-Ardennes	⑭ Basse Normandie	㉑ Région Parisienne

JEU DE MOTS

[A] Look at these town names. Can you identify the country for each one?

a **Bruxelles**

b **Londres**

c **Edimbourg**

d **Copenhague**

e **Hambourg**

f **Québec**

[B] Look at the map of France on page 98. Can you answer these questions?

a **Marseille est dans le sud de la France?**

b **Où est la Côte d'Azur?**

c **Comment s'appelle la capitale de la France?**

d **Comment s'appelle la mer entre Calais et Douvres?**

e **Où est Paris?**

f **Où est-ce qu'on peut faire du ski?**

Make up some more geography quiz questions for a partner.

14

ACCOMMODATION

l'hôtel (m)	**hotel**
la chambre avec un grand lit	double room
la chambre pour deux personnes	twin room
la chambre à une personne	single room
la clé	key
la demi-pension	half-board
la pension complète	full-board
la pension	guest house
la réception	reception
la sortie de secours	emergency exit
la vue	view
le jardin	garden
le parking	parking
le/la patron/ne	boss, manager
le restaurant	restaurant
le sauna	sauna
le tarif	price list
l'ascenseur (m)	lift
l'entrée (f)	entrance
l'escalier (m)	stairs
l'extincteur d'incendie (m)	fire extinguisher

accessible aux handicapés	with wheelchair access
calme	quiet
climatisé	air-conditioned
complet	full
(non) compris	(not) included
confortable	comfortable
disponible	available
moderne	modern
privé	private
propre	clean
sale	dirty
remplir une fiche	to fill in a registration form

♦ *Look at page 43 for more rooms!*

au camping   at the campsite

1 la cuisinière à gaz
2 la chaise pliante
3 le sac de couchage
4 la pile
5 le matelas pneumatique
6 la tente
7 le canif
8 la lampe de poche
9 les allumettes (f)

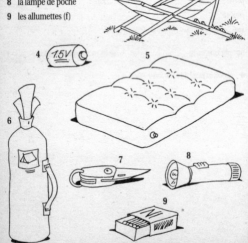

la caravane	caravan
la poubelle	dustbin
la prise de courant	power socket
le bloc sanitaire	washrooms
le dépôt de butane	calor gas shop
le feu de camp	camp fire
le gardien	warden
le lit de camp	camp bed
l'eau potable (f)	drinking water
l'emplacement (m)	site
les plats à emporter	meals to take away
dresser la tente	to pitch the tent

l'auberge de jeunesse (f)   youth hostel

la salle de jeux	games room
le dortoir	dormitory
le drap	sheet
le linge	bedding
le règlement	rules
le repas	meal

Point pratique!

Make a set of picture learning cards. Cut up a piece of card and draw or stick a picture of a vocabulary item on one side of each piece. On the other side, write the French word. You can now look at the picture and say the French word, or look at the French word and name the item. Turn the card over to see if you were right. You can use your picture cards with a partner as well.

Et encore plus...

un hôtel de grand luxe — un hôtel très, très confortable

l'accueil (m) — un autre mot pour la réception

les arrhes (f) — si on réserve une chambre/une place en avance on paie souvent des arrhes

le Michelin rouge/le guide Michelin — un guide pour les hôtels

JEU DE MOTS

[A] What do these phrases mean? Use a dictionary to help you.

a Avez-vous de la place?

b Est-ce qu'on peut louer un sac de couchage?

c Il faut payer un supplément?

d Le petit-déjeuner est compris?

e Où est l'ascenseur?

f Je peux payer avec une carte de crédit?

Now complete these sentences with a suitable word. There is more than one right answer each time.

Je voudrais louer ...., s'il vous plaît.

J'ai réservé ...... au nom de Leclerc.

Où est ......?

Il y a .... près d'ici?

...... est compris?

Ah, non! J'ai oublié ....

Ma chambre est très ....

Je voudrais rester ..... jours.

Votre emplacement est près ....

Je préfère passer les vacances ......

[B] With a partner, start spelling a word from this section, using the French alphabet, of course! How many letters do you have to say before your partner guesses your word?

15
THE BODY

le corps   body

1 le bras
2 le pouce
3 le coude
4 le doigt
5 le pied
6 le cou
7 la bouche
8 la main
9 le nez
10 l'orteil (m)
11 l'œil (m)
12 la jambe
13 le genou
14 l'oreille (f)

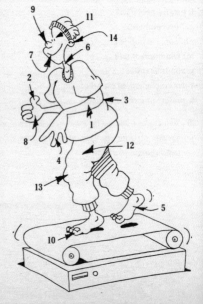

la cheville	ankle
la dent	tooth
la gorge	throat
la langue	tongue
la peau	skin
la poitrine	chest
la tête	head
la voix	voice
le cœur	heart
le derrière	bottom
le dos	back
le ventre	stomach
le visage	face
l'épaule (f)	shoulder
l'estomac (m)	stomach
l'ongle (m)	fingernail

Point pratique!

Try and find a quiet place to learn your vocabulary. You'll remember more after five minutes concentrated learning than after half an hour with the TV on.

la maladie	**illness**
la blessure	wound

la constipation	constipation
la coupure	cut, gash
la diarrhée	diarrhoea
la douleur	pain
la fièvre	temperature
la grippe	flu
la piqûre d'insecte	insect bite
la rougeole	measles
le bouton	spot
le coup de soleil	sunburn
le mal de mer	sea sickness
le point de côté	side stitch
le rhume	cold
le rhume des foins	hayfever
l'allergie (f)	allergy
l'asthme (m)	asthma
l'éruption (f)	rash
l'insolation (f)	sunstroke
l'intoxication alimentaire (f)	food poisoning
aller mieux	to feel better
avaler	to swallow
avoir mal à la tête	to have a headache
avoir mal au ventre	to have stomach ache

éternuer	to sneeze
faire mal	to hurt
ma jambe me fait mal	my leg hurts
garder le lit	to stay in bed
pleurer	to cry
suer	to sweat
tousser	to cough
vomir	to be sick
allergique à	allergic to
constipé	constipated
enrhumé	suffering from a cold
épuisé	exhausted
essoufflé	breathless
fatigué	tired
gonflé	swollen
inconscient	unconscious
malade	ill
pris de vertige	dizzy
à vos souhaits!	bless you!
remets-toi vite!	get well soon!

l'accident (m) — accident

la cicatrice	scar
la collision	crash

la piqûre	injection
la police	police
la pompe à incendie	fire engine
le car de police	police van
le chien policier	police dog
le plâtre	plaster cast
le sang	blood
l'ambulance (f)	ambulance
l'assurance (f)	insurance
l'hôpital (m)	hospital
l'opération (f)	operation
l'opticien/ne	optician
l'urgence (f)	emergency
les papiers (m)	documents
les pompiers (m)	fire brigade
les soins d'urgence (m)	first aid
se casser	to break
se fouler	to sprain
guérir	to recover
mourir	to die
se noyer	to drown
piquer	to sting
saigner	to bleed

sauver	to save
soigner	to treat, look after
tuer	to kill
blessé	injured
brûlé	burnt
grave	serious
mort	dead
attention!	careful!
au feu!	fire!
au secours!	help!

à la pharmacie — at the chemist

la crème solaire	sun cream
la dentifrice	toothpaste
la pastille	lozenge
la pastille pour la gorge	throat sweet
la pilule	pill
la serviette hygiénique	sanitary towel
la vaccination	vaccination
le bandage	bandage
le cachet	tablet
le comprimé	tablet, lozenge
le coton hydrophile	cotton wool

le médicament	medication
le préservatif	condom
le remède	remedy
le savon	soap
le sirop	syrup
le sparadrap	plaster
le tampon	tampon
le thermomètre	thermometer
l'aspirine (f)	aspirin
l'ordonnance (f)	prescription
les antibiotiques (f)	antibiotics
les gouttes (f)	drops
quelque chose pour/contre	something for

Et encore plus...

aveugle — on ne peut rien voir

muet(te) — on ne peut rien dire

sourd — on ne peut rien entendre

ça ne me va pas — je suis malade

le/la patient/e — on est malade

être enceinte — on va avoir un bébé

le cabinet/la clinique — où on peut consulter les docteurs

le fauteuil roulant — une chaise pour une personne qui ne peut pas marcher

JEU DE MOTS

Monster game (for one or more players)

You need two dice, a piece of paper and a pencil for this game. Throw the dice and look at the pictures on page 114. Name the part of the body and draw it on your paper. Keep on throwing the dice until you have drawn a monster. See who can draw the funniest monster!

A: Sept. Alors, c'est un œil.

B: Quatre. C'est un bras.

After the game, can you describe your monster?

Mon monstre a trois têtes, trois jambes, un œil...

Score	Body part

2 =

3 =

4 =

5 =

6 =

7 =

8 =

9 =

10 =

11 =

12 =

16
WEATHER AND ENVIRONMENT

le temps	**weather**
quel temps fait-il?	what's the weather like?
il fait beau	the weather is nice
il fait mauvais	the weather is bad
il y a du soleil	it's sunny
il y a du vent	it's windy
il y a des nuages	it's cloudy
il y a du brouillard	it's foggy
il gèle	it's freezing
il neige	it's snowing
il pleut	it's raining
brumeux	misty, foggy
chaud	hot
couvert	overcast
doux	mild
froid	cold
humide	damp
nuageux	cloudy
orageux	stormy

pluvieux	wet, rainy
ensoleillé	sunny
sec	dry
triste	gloomy
variable	changeable
la brume	mist
la chaleur	heat
la glace	ice
la grêle	hail
la neige	snow
la pluie	rain
le brouillard	fog
le ciel	sky
le nuage	cloud
le soleil	sun
le tonnerre	thunder
le vent	wind
l'arc en ciel (m)	rainbow
l'averse (f)	rain shower
l'éclair (m)	lightening
l'ombre (f)	shadow

la météo	**weather forecast**
la pression atmosphérique	atmospheric pressure
la prévision	prediction
la température	temperature
la visibilité	visibility
le changement	change
le climat	climate
le degré	degree
l'amélioration (f)	improvement

Et encore plus...

l'orage — temps mauvais avec éclair et tonnerre

il pleut à verse — il pleut beaucoup

l'éclaircie (f) — quand le ciel est couvert et soudain il y a un peu de soleil

la vague de chaleur — quand il fait chaud pendant longtemps

à la campagne   in the country

1 l'arbre (m)
2 la montagne
3 la rivière
4 le lac
5 la forêt
6 la fleur
7 le champ

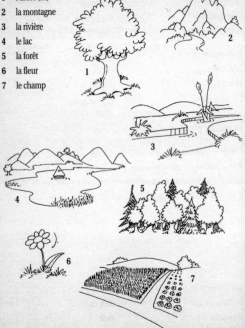

Point pratique!

In a spare moment, it can be useful (and fun!) to imagine a scene and try and think of as many related words as possible. You might imagine a country scene or a busy town scene or a classroom or a youth club ... the list is endless! Look up a couple of words you're not sure of each time and you'll soon increase your vocabulary!

la colline	hill
la ferme	farm
la plante	plant
la vallée	valley
le bois	wood
le fleuve	river
le lac	lake
le paysage	landscape
le ruisseau	stream
le sentier	path
le sommet	summit
l'herbe (f)	grass

au bord de la mer

at the seaside

la chaise longue	deck chair
la coquille	shell

la côte	coast
la dune	sand dune
la jetée	pier
la marée	tide
la marée basse	low tide
la marée haute	high tide
la mer	sea
la mouette	seagull
la plage	beach
le château de sable	sandcastle
le parasol	sunshade
le sable	sand
l'algue (f)	seaweed
l'île (f)	island

l'environnement (m) — **environment**

la destruction des forêts	destruction of forests
la pluie acide	acid rain
la pollution	pollution
le recyclage	recycling
l'écologiste (m/f)	ecologist
l'effet de serre (m)	greenhouse effect
l'espace vert (m)	green belt

les déchets nucléaires (m)	nuclear waste
les ordures (f)	rubbish
agricole	agricultural
charmant	charming
commercial	commercial
historique	historic
industriel(le)	industrial
menacé	threatened
paisible, calme	peaceful
pittoresque	picturesque
pollué	polluted
protégé	protected

JEU DE MOTS

[A] Write down the English meaning to these words.

l'averse = shower

a l'environnement

b sec

c couvert

d froid

e la campagne

f la ferme

g le paysage

h l'algue

i ensoleillé

j le climat

k l'arc en ciel

l les fleurs

m brumeux

n la vague de chaleur

o pollué

p la plage

q les arbres

[B] Work with a small group of friends. One of you starts to draw a word or phrase from this section. The others have to name the word in French. The first person to do so can then choose the next word to draw.

17

AT WORK

l'emploi (m) job

le/l'

la/l'

acteur	actrice	actor/actress
conducteur	conductrice	driver
directeur	directrice	headteacher
facteur/postier	factrice/postière	postperson
chanteur	chanteuse	singer
coiffeur	coiffeuse	hairdresser
programmateur	programmateuse	programmer
serveur	serveuse	waiter/waitress
vendeur	vendeuse	shop assistant
assistant	assistante	assistant
avocat	avocate	lawyer
marchand	marchande	shopkeeper
chirurgien	chirurgienne	surgeon
mécanicien	mécanicienne	mecha...

musicien	musicienne	musician
patron	patronne	boss
écrivain	femme écrivain	writer
homme d'affaires	femme d'affaires	business man/woman
homme de maison	ménagère	house husband/wife
cuisinier	cuisinière	cook
fermier	fermière	farmer
infirmier	infirmière	nurse
jardinier	jardinière	gardener
ouvrier	ouvrière	worker

le/l'

♦ These jobs below have no feminine equivalent in French. The masculine words are used to describe both a man and a woman doing that particular job. For example: *le professeur de chimie s'appelle Madame Vergnes.*

agent de police	police officer
chef	cook
comptable	accountant
concierge	caretaker
dentiste	dentist
	police officer

médicin	doctor
journaliste	journalist
maçon	builder
pensionnaire	pensioner
pilote	pilot
pompier	fire officer
pompiste	petrol pump attendant
professeur	teacher
secrétaire	secretary
vétérinaire	vet

le travail	**work**
on travaille...	you work...
dans une banque	at a bank
dans un bureau	in an office
dans un magasin	in a shop
dans une usine	in a factory
dans un restaurant	in a restaurant
au collège	at school
à la maison	at home
pour une compagnie	for a company
dehors	outside
dedans	inside

la demande d'emploi	job application
la paie	wage
la profession	profession
le commerce	business
le C.V.	C.V.
le rendez-vous	appointment
le salaire	salary
le travail en équipes	shiftwork
l'ambition (f)	ambition
l'apprenti/e	apprentice
l'entretien (m)	interview
les heures de travail (f)	working hours
les heures supplémentaires (f)	overtime
les perspectives (f)	prospects
gagner	to earn
permanent	permanent
temporaire	temporary

Point pratique!

Follow this sequence when you learn vocabulary:

• *LOOK at the French and English words in the list*
• *COVER the French words up*
• *WRITE the French words down on a piece of paper*
• *CHECK your words against the list.*

Et encore plus...

l'employé/e — quelqu'un qui travaille

au chômage — quand on est sans travail

l'emploi à mi-temps — quand on ne travaille pas toute la semaine

le/la commerçant/e — un autre mot pour marchand/e

le syndicat — une organisation qui protège les droits des travailleurs

JEU DE MOTS

[A] Work in a small group. One of you mimes a job. Who can name the French word (both the female and the male form) first? That person can then mime another job.

[B] Can you label these pictures correctly?

pilote

fermier

jardinier

pompiste

mécanicienne

dentiste

factrice

18

COMMUNICATIONS

l'ordinateur (m) computer

1 l'écran (m)
2 l'imprimante (f)
3 le clavier
4 le moniteur
5 la disquette
6 le disque dur
7 la souris
8 le modem

la base de données	database
la mémoire	memory
la messagerie électronique	E-mail
la puce	microchip
la touche	key

le bug, l'erreur (f)	bug
le CD-Rom	CD-Rom
le curseur	cursor
le document	document
le fichier	file
le logiciel	software
le matériel	hardware
le menu	menu
le mot de passe	password
le PC	PC
le portable	laptop
le programme	program
le réseau	network
le système	system
le tableur	spreadsheet
le tirage	hard copy
le traitement de texte	word processing
le virus	virus
l'enseignement assisté par ordinateur (EAO)	computer assisted learning (CAL)
appuyer	to press
charger	to load
cliquer sur	to click on
clore une session, se déconnecter	to log off

convertir	to convert
copier	to copy
couper-coller	to cut and paste
editer	to edit
effacer	to delete
faire une sauvegarde	to back-up
formater	to format
imprimer	to print out
installer	to install
ouvrir une session, se connecter	to log on
quitter	to quit
sauver	to save
visualiser	to display

Point pratique!
Look at the words in this section which look like their English meaning. That makes them a lot easier to learn!

le jeu	**game**
la joueuse	player (female)
le but	aim
le jeu d'aventure	adventure game
le jeu de simulation	simulation game
le jeu vidéo	video game
le joueur	player (male)
le niveau	level

adroit	skilful
interactif/-active	interactive
gagner	to win
perdre	to lose

le téléphone — phone

la cabine téléphonique	phone box
la carte téléphonique	phone card
la communication locale	local call
la ligne occupée	engaged line
la tonalité	dialling tone
le faux numéro	wrong number
le jeton	token (for public phone etc.)
le Minitel	small computer terminal connected to phone
le répondeur automatique	answerphone
le téléphone portatif	mobile phone
l'annuaire (m)	phone directory
l'appel (m)	call
appeler en PCV	to reverse the charges
composer un numéro	to dial a number
contacter	to contact
décrocher le combiné	to pick up the receiver

raccrocher	to hang up
téléphoner	to phone

Est-ce que je peux parler à X?	Can I speak to X?
C'est de la part de qui?	Who's calling?
C'est Y à l'appareil.	It's Y here.
Je rapellerai plus tard.	I'll call again later.
Je me suis trompé(e) de numéro.	I've got the wrong number.

à la poste / at the post office

la boîte aux lettres	letter box
la carte postale	postcard
la lettre	letter
le cachet	postmark
le colis	parcel
le courrier	post, mail
le formulaire	form
le guichet	counter
le paquet	parcel
le télégramme	telegram
le timbre	stamp
le timbre à un franc	one franc stamp
par avion	by air mail
distribuer	to deliver
envoyer	to send

JEU DE MOTS

Chain game

Play this game with a partner. You say a word to do with communications.
Your partner then has to say a word starting with the last letter from your
word. Who can say the last word?

A: Minitel

B: ligne

A: électronique...

19

MEDIA

le divertissement   entertainment

1 la cassette
2 la radio
3 la télévision
4 le compact-disc (le C.D.), le disque laser
5 le disque
6 le magnétophone
7 le magnétoscope
8 le walkman

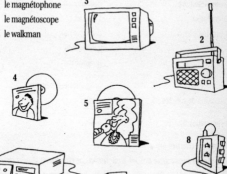

la télévision	**television**
la chaîne	channel
la comédie	comedy
la série	series
la télécommande	remote control
la télévision par câble	cable television
la télévision par satellite	satellite television
le bulletin météo	weather forecast
le dessin animé	cartoon
le documentaire	documentary
le feuilleton	TV serial
le film policier	detective film
le jeu	games show
le programme	programme
l'émission (f)	programme, broadcast
l'émission de variétés (f)	variety show
les actualités (f)	news

Point pratique!
Whenever you come across new words, write them down in
your vocabulary file or book. But don't just forget them after
that – keep on going back and testing yourself on them.

la lecture	**reading**
la bande dessinée	comic
la biographie	biography
la couverture	cover
la pièce	play
la photo	photo
la phrase	sentence
le chapitre	chapter
le héros	hero
le journal	newspaper
le livre	book
le livre de poche	paperback book
le magazine	magazine
le paragraphe	paragraph
le personnage (fictif)	(fictional) character
le poème	poem
le roman	novel
l'héroïne (f)	heroine
l'histoire (f)	story
l'image (f)	picture

le cinéma/le théâtre	**cinema/theatre**
la matinée	afternoon performance

la place	seat
la réduction	reduction
la scène	stage
la séance	performance, showing
la sortie	exit

le balcon	circle
le billet	ticket
le film	film
le film d'amour	love film
le film d'aventures	adventure film
le film d'horreur	horror film
le film de science-fiction	science-fiction film
le sous-titre	subtitle
le spectacle	show
le vestiaire	cloakroom

l'entracte (m)	interval
l'entrée (f)	entrance
l'orchestre (m)	stalls

Et encore plus...

le cirque — un spectacle avec des acrobates et des animaux

la vedette — un acteur ou une actrice dans un film

le western — un film avec des cowboys

la publicité	advert
la petite annonce	classified advert
le slogan	slogan
l'affiche (f)	poster
l'annonce (f)	newspaper advert

JEU DE MOTS

Work out the coded words. What do they mean in English?

	1	2	3	4	5	6	7
a	r	k	u	h	i	d	c
b	o	v	j	è	g	s	p
c	a	e	l	t	m	n	w

a 3b 1b 3a 1a 6c 1c 3c

— — — — — — —

b 6b 7b 2c 7a 4c 1c 7a 3c 2c

— — — — — — — — —

c 1a 1b 5c 1c 6c

— — — — —

d 7b 3c 1c 7a 2c

— — — — —

e 7b 1b 4b 5c 2c

— — — — —

Make some more coded words for a partner to solve.

20

CURRENT AFFAIRS

Point pratique!
One of the best ways of increasing your vocabulary is to read lots – and not just books! Look out for French newspapers and magazines, too. Even if you only look at the headlines, you'll find lots of useful words.

les actualités (f)	news
la catastrophe	disaster
la Communauté Européenne	European Community
la drogue	drug
la famine	famine
la grève	strike
la guerre	war
la maladie	disease
la manifestation	demonstration
la paix	peace
la politique	politics
la population	population
la victime	victim
la violence	violence

le chômage	unemployment
le crime	crime
le gouvernement	government
le meurtre	murder
le Premier Ministre	Prime Minister
le Président	President
le racisme	racism
le/la réfugié/e	refugee
le terrorisme	terrorism
le tremblement de terre	earthquake
le tunnel	Channel Tunnel
le viol	rape
l'agression (f)	mugging
l'assassinat (m)	assassination
l'élection (f)	election
l'enlèvement (m)	kidnapping
l'incendie (m)	fire
l'inondation (f)	flood
l'otage (m)	hostage

JEU DE MOTS

Complete these sentences:

a   Il y a une ...... en Éthiopie – les gens n'ont rien à manger.

b   La .... mondiale augmente chaque année.

c   J'ai participé à une .... contre le racisme.

d   Beaucoup de jeunes n'ont pas de travail – ils sont au ....

e   À cause de la .... à la gare, j'ai dû prendre l'autobus.

21
ADJECTIVES

les mots positifs	positive words
agréable	pleasant
amusant	funny
bon(ne)	good
calme	peaceful
ça va	it's OK
célèbre	famous
drôle	amusing
excellent	excellent
facile	easy
fantastique	fantastic
formidable	marvellous
intéressant	interesting
merveilleux/merveilleuse	wonderful
moderne	modern
parfait	perfect
passionnant	exciting
populaire	popular
propre	clean
recommandable	recommendable

splendide	splendid
super	super
vivant, animé	lively, vivacious

les mots negatifs

negative words

affreux/affreuse	awful
agaçant	irritating
brutal	brutal
bruyant	noisy
catastrophique	catastrophic
compliqué	complicated
dégoutant	disgusting
désagréable	unpleasant
démodé	old fashioned
déprimant	depressing
difficile	difficult
ennuyeux/ennuyeuse	boring
étrange	weird
fatigant	tiring
mauvais	bad
sale	dirty
stupide	stupid
triste	sad, dull

Point pratique!

Lots of adjectives have opposites – vieux/neuf, grand/petit – so try and learn these words together.

la couleur	colour
blanc(he)	white
bleu	blue
blond	blond
brun	brown
clair	light
foncé	dark
gris	grey
jaune	yellow
noir	black
or	gold
orange	orange
rayé	striped
rose	pink
rouge	red
vert	green
violet	violet
à carreaux	checked

la dimension	**size**
bas(se)	low
court	short
énorme	enormous
étroit	narrow
faible	weak
fort	strong
grand	big; tall
haut	high
large	wide
léger	light
lent	slow
long(ue)	long
lourd	heavy
mince	slim
minuscule	tiny
petit	small; short
peu profond	shallow
profond	deep
vite	fast

les mots utiles	**useful words**
absolument	absolutely
alors	well
à peine	hardly

après	after
assez	quite, enough
aussi	also, too
aussi ... que	as ... as ...
autre	other
beaucoup	many
bien sûr	of course
bientôt	soon
cependant	however
certainement	certainly
d'abord	first of all
d'accord	O.K.
déjà	already
depuis	since
donc	therefore
encore	again
enfin	finally
ensemble	together
ensuite	next
environ	about
extrêmement	extremely
immédiatement	immediately
(mal)heureusement	(un)fortunately
mieux	better
moins	less

naturellement	naturally
ni ... ni ...	neither ... nor ...
ou ... ou ...	either ... or ...
ne ... pas	not
ne ... que	only
pas du tout	not at all
peut-être	perhaps
plus	more
presque	almost
probablement	probably
puis	then
quelques	some
semblable	similar
seulement	only
soudain	suddenly
surtout	especially
tant mieux!	so much the better!
tout	all
tout de suite	immediately
très	very
trop	too many

JEU DE MOTS

[A] Match the opposites. One opposite is missing. What is it?

a	foncé	1	démodé
b	noir	2	intéressant
c	court	3	bruyant
d	fort	4	blanc
e	moderne	5	lent
f	ennuyeux	6	stupide
g	intelligent	7	faible
h	calme	8	clair
i	petit	9	long
j	vite		

[B] Think of something or somebody. How many words can you list to describe what you are thinking of?

Ah! Intéressant et moderne!

22

VERBS

◆ *When you use a verb, you need to know the pattern it follows. Some verbs, especially common ones, have irregular patterns in different tenses. Therefore, it is important to check in your course book or at the back of a good dictionary to see which pattern the verb follows.*

important verbs

acheter	to buy
aider	to help
aller	to go
arriver	to arrive
avoir	to have
boire	to drink
demander	to ask
devenir	to become
dire	to say
donner	to give
écouter	to listen
écrire	to write
être	to be
faire	to do, make
habiter	to live

jouer	to play
lire	to read
manger	to eat
parler	to speak
porter	to wear; carry
prendre	to take
regarder	to look, watch
rester	to stay
travailler	to work
trouver	to find
venir	to come
voir	to see
vouloir	to want

Point pratique!

Don't be daunted by the number of verbs to learn! Try and learn them in small groups – just a few at a time. You could make a pairs game to help you. Write the French word on one piece of card and the English meaning on another. Now, set yourself a challenge against the clock – how quickly can you match all the pairs? As you learn the verbs, so you can add more cards to your game. Why not play with a partner and see who can get the most pairs?

verbs of action

accompagner	to go with someone
amener	to bring
attraper	to catch
battre	to beat
chercher	to look for
construire	to build
courir	to run
défendre	to defend
demeurer	to stay
déposer	to deposit
déranger	to disturb
descendre	to go down, get off
entrer	to enter
frapper	to hit
fumer	to smoke
joindre	to join
laver	to wash
mettre	to put
monter	to climb, get on
montrer	to show
offrir	to offer
ouvrir	to open
passer	to go past
peser	to weigh

pousser	to push
protester	to protest
quitter	to leave
recevoir	to receive
remplacer	to replace
rencontrer	to meet
rentrer/retourner	to return
risquer	to risk
signer	to sign
sonner	to ring
soutenir	to support
surveiller	to supervise
tirer	to pull
tomber	to fall
utiliser	to use
vérifier	to check
vivre	to live
voler	to fly, steal

verbs of feeling

adorer	to adore
aimer	to like
apprécier	to appreciate
avoir l'air	to seem
avoir raison	to be right

avoir tort	to be wrong
désirer	to want
détester	to hate
espérer	to hope
manquer	to miss
penser	to think
plaire	to please
pleurer	to cry
préférer	to prefer
regretter	to regret
rire	to laugh
souffrir	to suffer
sourire	to smile

other verbs

accepter	to accept
allumer (la lumière)	to switch on (light)
améliorer	to improve
aménager	to equip
appeler	to call
attendre	to wait
cacher	to hide
choisir	to choose
coler	to stick
commencer	to begin

connaître	to know
conseiller	to advise
continuer	to continue
critiquer	to criticize
déclarer	to declare
devoir	to have to, owe
discuter	to discuss
dormir	to sleep
durer	to last
échouer	to fail
entendre	to hear
emprunter	to borrow
enregistrer	to record, register
essayer	to try
finir	to finish
oublier	to forget
paraître	to appear
prêter	to lend
raconter	to tell
recommander	to recommend
reconnaître	to recognize
remarquer	to notice
remercier	to thank
répéter	to repeat
répondre	to reply

ressembler à	to resemble
réussir	to succeed
savoir	to know
sembler	to seem
traduire	to translate

reflexive verbs

s'amuser	to enjoy oneself
s'appeler	to be called
s'approcher de	to approach
s'arrêter	to stop
s'asseoir	to sit down
s'égarer, se perdre	to lose one's way
s'ennuyer	to be bored
s'installer	to sit down
s'intéresser à	to be interested in
s'occuper de	to be busy with, look after
se faire bronzer	to sunbathe
se dépêcher	to hurry
se détendre	to relax
se noyer	to drown
se plaindre	to complain
se promener	to go for a walk
se reposer	to rest
se taire	to be silent

JEU DE MOTS

Think of a topic such as:

- **your hobbies**
- **shopping**
- **at school**
- **in a hotel**
- **around the home**

Make a list of all the verbs which would be useful in that situation.

How many verbs can you think of for each one? Compare your list with your partner's.

ANSWERS

1 p.13

a) J'ai oublié mon cahier. b) Comment dit-on «pellicule» en anglais?
c) Je m'excuse d'être en retard. d) Pouvez-vous parler plus lentement,
s'il vous plaît? e) Est-ce que je peux aller aux toilettes? f) Pouvez-vous
épeler le mot «Monsieur»? g) Est-ce que je peux ouvrir la fenêtre?

2 p.21

a) huit, b) vendredi, c) septembre, d) soixante-dix, e) automne, f) trente

3 p.29

[A] bébé (baby), cousin (male cousin), demi-frère (half brother), fils (son),
grand-père (grandfather), intelligent (intelligent), mariage (wedding),
neveu (nephew), tante (aunt), timide (shy), veuf (widower)

p.30

[B] le nom de famille (surname), le prénom (first name), le sexe:
masculin/féminin (sex: male/female), l'adresse/le code postal
(address/postcode), le domicile (abode), le numéro de téléphone
(phone number), la date de naissance (date of birth), l'âge (age), le lieu
de naissance (place of birth), la nationalité (nationality), la religion
(religion), la signature (signature)

4 p.34

a4 perruche, b5 crocodiles, c1 poisson, d2 tortue, e3 taureau

5 p.41

[A] 1b 2b 3c 4c

7 p.54

a) Il se rase, b) Il se brosse les dents, c) Il se lave, d) Il met la table, e) Il dort, f) Il fait le lit

8 p.60

la géographie (geography), les maths (maths), le cahier (exercise book), le feutre (felt tip pen), le bac (final exam), la cuisine (cookery), la musique (music), la religion (religion), le gymnase (sports hall), le professeur (teacher), la chimie (chemistry), la cour (playground), l'école (school), le lycée (sixth form college), la classe (class)

9 p.70

[A] ananas

10 p.78

a) paquet (packet), b) pot (jar), c) tranche (slice), d) bouteille (bottle), e) livre (pound), f) paire (pair)

12 p.93

[A] a) l'avion, b) le vélo, c) l'autobus, d) l'hélicoptère, e) la voiture, f) le camion

[B] a) to puncture, b) to repair, c) to brake, d) to allow, e) to carry, f) to return, g) to park, h) to fly

13 p.99

[A] a) la Belgique, b) l'Angleterre, c) l'Écosse, d) le Danemark, e) l'Allemagne, f) le Canada

[B] a) oui, b) dans le sud de la France, c) Paris, d) la Manche, e) dans le nord de la France, f) les Alpes, les Pyrénées

14 p.104

[A] a) Have you got any rooms free?/Have you got any spaces? b) Can I hire a sleeping bag? c) Do I have to pay extra? d) Is breakfast included? e) Where is the lift? f) Can I pay by credit card?

16 p.122

a) environment, b) dry, c) overcast, d) cold, e) country, f) farm, g) landscape, h) seaweed, i) sunny, j) climate, k) rainbow, l) flowers, m) misty, n) heatwave, o) polluted, p) beach, q) trees

17 p.128

a) dentiste, b) mécanicienne, c) fermier, d) pilote, e) jardinier, f) pompiste

19 p.139

a) journal (paper), b) spectacle (show), c) roman (novel), d) place (seat), e) poème (poem)

20 p.142

a) famine, b) population, c) manifestation, d) chômage, e) grève

21 p.149

a8 b4 c9 d7 e1 f2 g6 h3 i grand j5